Ian Costabile

# Quem Roubou meu Bolo?

*Quem Roubou meu Bolo?* é uma história original,
primeiramente publicada em maio de 2016.

ISBN-13: 978-1999749712

Capa por Natan Heber
www.natanheber.com
Ilustrações por Noémie Lanos
www.noemielanos.wordpress.com

# Introdução

Eu nunca como bolo quente, porque minha mãe sempre diz que é melhor esperar esfriar. Eu fui para o meu quarto e esperei, mas quando eu voltei pra cozinha, meu bolo tinha sumido! Então, eu me perguntei de quatro maneiras diferentes:

— Quem roubou meu bolo?

— Quem que roubou meu bolo??

— Quem é que roubou meu bolo???

— Quem foi que roubou meu bolo????

Qual será o final dessa história? Você pode me ajudar a descobrir quem roubou meu bolo? Sim? Então, vire a página...

# I
# Um Gorila

Um gorila muito forte queria ser o mais forte de todos. Gorilas já são fortes por natureza mas, esse, era enorme, parecia uma montanha. De manhã, ele fazia levantamento de pesos com troncos de árvores, de tarde, fazia lançamento de pedras no rio e, de noite, quebrava nozes com os dedos.

Um dia, quebrou uma casca de cacau e, pela primeira vez em sua vida, experimentou o chocolate. Foi prazer à primeira mordida e, logo, descobriu que o chocolate lhe dava mais energia para treinar.

Quando o cacau acabou, fugiu da floresta. Invadiu o mundo dos homens e seus gritos selvagens começaram a ecoar pela cidade. Na língua dos macacos, ele gritava: "Chocolate! Chocolate!"

Seguindo seus instintos, encontrou um delicioso aroma de chocolate. Eram as fumacinhas de bolo quente, que vinham da minha janela. Pulando de telhado em telhado, foi até minha casa, entrou na cozinha e devorou o bolo, inteirinho!

Depois disso, ele continuou a comer chocolates e, também, os dividiu com seus colegas de espécie. Assim, hoje, macacos gostam mais de chocolate do que de banana. Principalmente, se for bolo de chocolate!

# FIM
## (NÚMERO UM)

# II
# DOIS ALIENÍGENAS

Zing e Zoing estavam viajando em uma missão para explorar o planeta Terra mas, quando chegaram aqui, só queriam saber de comer bolos! Eles nunca tinham comido nada tão gostoso e macio. Era bolo de maçã, banana, cenoura, chocolate, nozes, gengibre... existiam tantos sabores!

Zing e Zoing, disfarçados de humanos, entravam em padarias, supermercados e lojas de doces. Porém, só sabiam apontar para o bolo e falar uma coisa: "Quero esse, por favor."

Eles eram dois extraterrestres muito preguiçosos pois, embora tivessem um cabeção e um cérebro superinteligente, não queriam aprender as línguas dos humanos!

Desse modo, eles viajaram pelo mundo todo, até chegarem no meu país, na minha cidade, no meu bolo! Quando viram aquele bolo de brigadeiro delicioso que minha mãe tinha feito, ficaram invisíveis, entraram na cozinha, e roubaram meu bolo!

Depois, quando voltaram para o planeta deles, os dois alienígenas que eram supermagrinhos, viraram dois gordos! Mal podiam entrar na espaçonave deles. Coitadinhos...

# FIM
## (NÚMERO DOIS)

# III
# O Monstro do Lago Ness

O Monstro do Lago Ness, também conhecido como Nessie, vive na Escócia. Lá, os escoceses tocam um instrumento muito barulhento que o monstro detesta ouvir, então, ele sempre se esconde dentro de uma caverna no fundo do lago, onde pode descansar em paz.

Um dia, ele resolveu viajar através de um túnel subterrâneo que conecta lagos e oceanos. Passou por vários países, até que chegou num lago muito bonito, perto do jardim da minha casa.

Às vezes, quando é verão, eu nado no lago. Imagine se eu estou lá no lago, nadando feliz com meus amigos e, de repente, um enorme monstro verde puxa o meu pé! Que medo!

Bom, continuando a história...

O monstro chegou no lago e quando levantou a cabeça para fora da água, sentiu um cheirinho maravilhoso de bolo. Claro que ele não ia perder a oportunidade de comer um bolinho tão gostoso, e de terras tão distantes. Então, sem sair do lago, o Nessie ergueu o pescoção longo dele até a minha casa e passou a cabeça pela janela da cozinha. Colocou o bolo na boca e, enquanto recolhia o pescoço de volta, uma vizinha minha que estava passando por perto viu a cena do monstro com o bolo na boca. Claro que ela desmaiou, na hora.

Depois disso, o monstro ficou viciado em bolos, então os turistas, na Escócia, precisam ficar espertos! Se você for visitar o lago Ness, tenha cuidado e não leve um bolo, senão, o monstro aparece e come tudo!

# FIM
## (NÚMERO TRÊS)

# IV
## Piratas

Piratas do passado, bebendo rum e navegando navios assustadores, não existem mais. Porém, séculos atrás, um raio cósmico atingiu um pequeno navio pirata e o teletransportou, direto para o futuro. Sim, eu acho isso bem possível! Um buraco negro poderia alterar a dilatação do tempo e mudar a posição das coisas no espaço-tempo, não é mesmo?

Então, o navio veio parar numa praia, perto da minha casa. Os piratas estavam com muita fome, pois viajar no tempo é muito cansativo e não tem nada pra comer nos misteriosos túneis do tempo. Atravessaram diversos jardins, até chegarem no meu.

Minha vizinha olhou para eles e pensou: "Desde que abriram aquele bar novo, na esquina, esses bêbados ficam entrando no jardim das pessoas pra fazer xixi. Estão tão bêbados que não dá nem pra entender o que estão falando." Então, ela decidiu chamar a polícia.

Os piratas derrubaram a porta do meu jardim para a cozinha, e invadiram a casa. Eles nunca tinha visto coisas tão diferentes. Abriram a geladeira e começaram a mexer em tudo. O leite, os ovos, os tomates, tudo no chão. Fizeram a maior bagunça! Um pirata curioso abriu o armário de massas, e acabou comendo macarrão cru! O segundo curioso abriu o armário de temperos, e acabou comendo sal e pimenta! O terceiro curioso abriu o armário de molhos e óleos, e acabou bebendo vinagre!

Por fim, eles encontraram o bolo de brigadeiro, e isso aliviou o paladar deles. Eles tinham acabado de terminar o bolo, quando a polícia chegou, e levou todos pra cadeia. De qualquer jeito, eles adoraram a vida na cadeia. Lutas, comida de graça, rebeliões... E, também, aproveitaram para aprender a minha língua! Piratas modernos são assim mesmo.


## FIM
### (NÚMERO QUATRO)

# V
# A Minha Irmã

Sim, foi ela! Minha irmã, a Tati! Ela adorava comer bolos, de qualquer tamanho e de qualquer sabor. Eu não me importaria se ela tivesse comido um pedaço só, mas... o bolo todo? Pô!

Só podia ser vingança. Quando eu era menor, eu a chamei pra brincar, mas ela não quis ir porque queria tomar banho de banheira com suas bonecas. Enquanto ela tomava banho, eu fui no jardim e peguei um monte de minhocas. Abri a porta do banheiro e, rapidamente, joguei tudo na banheira, pra ver se as minhocas nadavam com a minha irmã. Nesse dia, descobri que minhoca não nada e, também, descobri que minha irmã odeia, odeia mesmo, minhocas!

Então, quando ela viu aquele bolo enorme, teve a ideia de se vingar e comer tudo, sozinha. Porém, o bolo era muito grande! Seria impossível comer tudo de uma vez só. Então, ela foi para o quarto e buscou várias bonecas, para ajudá-la a comer o bolo. A boneca Gabriela comeu um pedaço. A boneca Isabela, outro pedaço. A boneca Daniela, outro. A Anabela, outro. A Marcela também comeu... a Manuela, também... E, logo, toda pequena donzela, com nome terminado em 'ela', comeu um pedaço.

Porém, bonecas não têm boca de verdade, então, imagine a bagunça em que ficou o quarto! Era chocolate para todo lado. Minha mãe quase se aposentou da profissão de ser mãe. Disse que iria nos colocar num orfanato. Disse, também: "Espero que vocês tenham filhos iguais a vocês, pra vocês aprenderem uma lição!"

Por fim, um dia quando minha irmã cresceu, ela teve um filho igualzinho a ela. E, o pior de tudo, ele é louco por bolos!

# FIM
## (NÚMERO CINCO)

# VI
# O Fantasma de Mozart

Mozart, o famoso compositor, depois de morrer continuou a fazer música no mundo dos espíritos. Lá, ele conheceu outros compositores mortos, alguns até mais malucos do que ele.

Quando estava vivo, Mozart adorava comer bolos. Bolo era o combustível que dava energia para ele compor. A famosa Pequena Serenata Noturna foi composta depois dele comer um bolo especial de amora com maçã. Mozart queria muito comer um bolo novamente, porém, no mundo dos espíritos, não existem bolos, já que eles não podem comer. Então, ele falou com os espíritos anciões e descobriu um jeito de voltar para o mundo dos vivos, mas por um dia só!

No mundo dos vivos, havia muito barulho. O barulho dos carros da cidade, buzinas, sirenes e, também, das músicas horríveis que as pessoas modernas ouviam. O futuro era, realmente, um pesadelo musical para Mozart.

Assim que passou o susto, foi voando procurar um bolo e, quando já estava quase desistindo da ideia, viu que, através de uma janela, tinha um bolo enorme e superdelicioso, numa casa pequeninha. Pois é, era a minha casa e o meu bolo…

O fantasma de Mozart entrou pela parede, e, do seu jeito extremamente organizado, pôs a toalha e os talheres na mesa. Sentou-se, e cortou o primeiro pedaço. Com muita classe, comeu devagar, saboreando cada pedacinho. Quando acabou, várias ideias vieram à sua cabeça e começou a escrever uma bela música nos guardanapos. E assim, compôs sua maior obra, a Sinfonia no. 42, 'Terra', uma música cheia de paixão pela vida e pelo nosso planeta. Hoje, ela é muito executada no mundo dos espíritos. Se eu tivesse comido o bolo, talvez, hoje, eu teria composto uma grande obra-prima... Não é justo!

# FIM
## (NÚMERO SEIS)

# VII
# Uma Formiga

Sim, uma formiga. Formigas adoram açúcar, portanto, estão sempre roubando bolos por aí. Elas têm muita sorte porque formigas não têm dentes, então elas podem comer quanto açúcar quiserem!

Essa formiguinha estava passeando pela minha cozinha e, de repente, viu aquele lindo bolo de brigadeiro! Ela pensou: "Quero devorar esse bolo inteirinho! Como vou fazer pra levá-lo pro meu formigueiro?"

A primeira ideia foi amarrar uma corda em volta do bolo e puxar. Porém, não deu certo, porque apesar dela ser uma formiga fortíssima, o bolo era imenso! Então, ela comeu um pedacinho do bolo e voltou para o formigueiro para pedir ajuda.

Quando chegou no formigueiro, contou para dois soldados que havia encontrado o melhor bolo do mundo. Mas, os soldados riram dela e não acreditaram na história. Rindo, um deles disse: "Que formiguinha mentirosa!" E o outro disse: "Eu não acredito nessa sua história de pescador!" Por sorte, formigas têm dois estômagos, um para digerir a comida e o outro para levar comida para a rainha. Assim, ela deu um pedaço do bolo para os soldados provarem. Os soldados ficaram chocados com a qualidade do açúcar, era bom demais e muito exótico! Então, chamaram um grupo de mil soldados para levarem o bolo.

Quando os soldados chegaram na cozinha, a música das Valquírias de Wagner começou a tocar no rádio. A tropa de soldados foi marchando em direção ao bolo, já festejando vitória. Os soldados se juntaram em volta do bolo, levantaram-no e o levaram para o formigueiro. Porém, comeram tanto bolo, mas tanto bolo, que depois tiveram uma diarreia horrível! Coitadinhas!

# FIM
## (NÚMERO SETE)

# VIII
## UMA PRINCESINHA

Era uma vez uma linda princesinha, que morava numa terra encantada, onde esquilos subiam felizes nos troncos de árvores coloridas, coelhos dançavam sob o som de harpas e dragões voavam acima de reinos infinitos.

Quando a princesa estava deitada, prestes a dormir, o seu pai, o rei, contou-lhe a história dos cogumelos de chocolate. Sim, cogumelos de chocolate! A lenda dizia que se uma pessoa comesse um cogumelo de chocolate, ela seria mandada para outro mundo e que o único jeito de retornar seria comendo um outro chocolate qualquer.

Um dia, ela estava correndo no jardim do castelo quando tropeçou numa pedra. Tomou um tombo! Quando abriu os olhos, viu que estava em frente a um cogumelo de chocolate que, à luz do sol, derretia-se aos poucos. Aquele chocolate todo delicioso, escorrendo na grama do jardim... a tentação era muito grande e ela não resistiu, teve que experimentar o cogumelo!

Assim, ela dormiu e, quando acordou, estava num mundo completamente diferente, onde esquilos subiam em troncos sem cor, coelhos dançavam ao som de trompetes caóticos e dragões de metal voavam acima de um vilarejo muito estranho... Sim, esse vilarejo era a minha cidade!

Andando pelas ruas, ela encontrou minha casa e viu meu bolo. Pulou por uma janela aberta e caiu dentro da cozinha. Foi direto comer um pedacinho do bolo. De repente, tudo começou a girar e ela voltou para o mundo dela, com o bolo de chocolate em suas mãos. Levou para o rei e para a rainha experimentarem, e é claro que eles adoraram! Depois disso, resolveram procurar mais cogumelos de chocolate, só pra poderem comer mais bolos como o meu. Vê se pode!

# FIM
## (NÚMERO OITO)

# IX
# Um Hamster

Hamsters são animais engraçados. Eles não são ratos normais, porque eles estão sempre com cara de assustados, quase não têm rabo e usam suas bochechas para transportar coisas. Estão sempre envolvidos em algum tipo de missão, as quais nunca têm um fim. O meu vizinho tem um hamster. O hamster dele adora fugir da gaiola para pegar coisas. Principalmente, papel higiênico. A casa do meu amigo está sempre cheia de pedacinhos de papel higiênico no chão.

O hamster do meu vizinho se chama Coquinho. Ele é branco como um coco. Ele, também, é extremamente rápido e grande, muito grande! Ele tem uma bunda enorme que, quando anda, parece que está vestindo um manto, e, somando isso à sua longa barba acinzentada, é como se ele fosse um monge.

Ontem à noite, o hamster fugiu, pois resolveu fazer a missão mais louca de sua vida. Ele decidiu fugir de sua casa para explorar a minha. Agora estamos no verão, e ele sabia que a janela do quarto estaria um pouco aberta. Então, bolou um plano e calculou cada passo que faria.

Quando deu meia-noite no relógio, ele sabia que seu dono já estaria dormindo e era hora de agir. A sua gaiola não tinha teto, então, subiu na garrafa de água, jogou uma corda de papel higiênico que tinha feito, e escalou a gaiola. Quando chegou no topo, viu que não podia pular, porque era muito alto. Então, caminhou pelo topo da gaiola até chegar perto de uma almofada. Pulou para a almofada e aterrissou, com segurança.

De lá, foi até a janela do quarto que estava um pouco aberta, passou pela fresta e pulou para o jardim. Correu pelos cantos, com medo de que algum gato o visse. Quando chegou na minha casa, escalou a parede e pulou pela janela, para dentro da cozinha. Quando viu aquele lindo bolo gigante, resolveu roubá-lo e levá-lo para sua casa. Foi comendo o bolo, rapidamente, e jogando os pedaços para as suas bochechas. Porém, era muito bolo, então, suas bochechas ficaram parecendo dois balões. E, depois desse dia, as bochechas dele ficaram assim para sempre. Bem feito, quem mandou roubar meu bolo?!

# FIM
## (NÚMERO NOVE)

# X
# Um Filósofo

Sentado debaixo de uma árvore, pensava um filósofo. Pensava, pensava e pensava. De um pensamento para o outro, começou a pensar sobre as sombras: "Sombras são imagens das figuras que conhecemos, mas representadas pela ausência de luz. Ausência, porque a luz não atravessa corpos opacos. Portanto, a maioria das coisas que bloqueiam a luz são geradores de sombras."

Este filósofo é meu vizinho. Ele sempre anda para trás e diz coisas complicadas sobre a vida. Hoje, ele estava concentrado na questão das sombras, pois as sombras representam conceitos ou ideias. Ele acreditava que as ideias são mais reais do que as informações que recebemos através dos nossos olhos.

No quintal, o sol desenhava as sombras que via. Ele foi seguindo sombra por sombra. Encontrou a sombra de uma formiga, de uma flor, de uma árvore, das nuvens e, é claro, a sua própria. Foi seguindo as sombras até chegar à minha casa e lá, na cozinha, tinha uma sombra de... bolo de brigadeiro!

Chegou mais perto, e viu que o sol estava batendo no bolo e desenhando a sua sombra, dentro da cozinha. Decidiu entrar na cozinha. Ficou em frente ao bolo, pensando, pensando e pensando. Teve uma ideia: "Se eu comer esse bolo, vou ter mais energia e assim poderei ficar filosofando por horas e horas!" Mas logo repensou: "O bolo não é meu. Não seria ético comê-lo." Depois, repensou, mais uma vez: "Este bolo terá um fim de qualquer jeito. Tudo na vida tem um começo e um fim, é tudo um ciclo!"

Logo, entrou em um longo debate. Comê-lo ou não comê-lo, eis a questão. Por fim, lembrou-se que o Sol não existirá para sempre e, consequentemente, as sombras não existirão para sempre. Concluiu que não deveria perder tempo com questões tolas, e decidiu comê-lo. Quando acabou, parou de pensar nas sombras e começou a pensar sobre o prazer. O prazer de comer um bolo tão macio e saboroso. Mas seria esse bolo de chocolate, também, uma ilusão? Esta era uma questão que ele nunca conseguiria responder...

# FIM
## (NÚMERO DEZ)

# XI
# Uma Bruxa

Uma bruxa! Quando minha mãe estava fazendo o bolo, pediu que eu buscasse na casa de uma vizinha um pouco de extrato de baunilha. Eu não queria ir, porque todos dizem que essa vizinha é, na verdade, uma bruxa! Porém, eu queria muito comer esse bolo, então, eu fui lá e bati na porta. Ninguém atendeu, mas eu vi que, na janela da cozinha, havia alguns frascos de vidro. Um deles tinha cheiro de baunilha, então, eu o peguei e o levei para minha mãe.

Quando a vizinha voltou, a bruxa, ela percebeu que seu frasco mágico tinha sumido. Sim, mágico! Ficou desesperada e começou a procurá-lo por toda a parte. Esse frasco era muito importante, porque ele continha uma poção mágica de levitação. Isso significava que aquilo que minha mãe pôs no bolo, não era baunilha!

O frasco não estava dentro de casa, então, a bruxa começou a procurar no jardim. De repente, ela olhou para o chão e viu que as formigas estavam flutuando! Foi seguindo a trilha das formigas voadoras, até ouvir um gato miando. Era o seu gato preto, o qual também levitava. Continuou seguindo o caminho e viu que, em frente à minha casa, outros insetos e animais também estavam voando. O carteiro, que tinha chegado para entregar uma carta, logo, também estava levitando, a uns dois metros acima do chão, gritando em desespero! Parecia uma convenção de iogues malucos.

A bruxa correu até a porta dos fundos, entrou na cozinha da minha casa, viu o bolo, e entendeu tudo. O bolo quente estava exalando a poção mágica pelo ar, e todos os seres que cheiraram essa essência, começaram a levitar.

Por fim, a bruxa pensou em jogar o bolo fora. Mas, isso não daria certo, pois o bolo continuaria exalando a poção mágica. Então, a única solução foi comê-lo. Comeu o bolo todo, porém, era muita poção e nem mesmo ela conseguiu suportar o poder da poção. Quando saiu para o jardim, começou a subir e subir. Foi parar lá nas nuvens e acho que só conseguiu voltar uma semana depois. Ainda bem que eu não comi o bolo!

FIM
(NÚMERO ONZE)

# XII
## Um Guitarrista

No porão de uma casa barulhenta vivia um homem que usava uma faixa na cabeça e tinha cabelos longos, até a cintura. Lá, ele passava o dia estudando as escalas musicais mais distorcidas do planeta.

Esse guitarrista tinha uma palheta muito especial, a qual fazia ele tocar mais rápido e criar solos extremamente encantadores. Um dia, depois de tocar por horas e horas, sentou-se para descansar, e deixou essa palheta na janela do porão. De repente, uma gaivota apareceu na janela e, com o seu bico, pegou a palheta, levando-a para bem longe.

O guitarrista, desesperado, saiu de sua casa, ainda segurando a guitarra embaixo do braço, e correu atrás da gaivota. A gaivota voava, longe, e a luz do sol refletia sua palheta mágica, lá nas nuvens. Logo, a gaivota parou no telhado de uma casa. O guitarrista subiu no telhado e, quando estava chegando perto dela, a danada voou novamente. Voou para perto de um chafariz, no meio da cidade e o guitarrista, correndo atrás da gaivota, começou a chamar a atenção de todo mundo. Ninguém estava entendendo por que o guitarrista estava perseguindo a gaivota.

Logo, a gaivota voou, novamente, para o céu, atravessando um arco-íris. O guitarrista não desistiu, e continuou correndo atrás dela, com uma multidão de curiosos o seguindo. De repente, a gaivota soltou a palheta e, do céu, ela foi caindo, atravessando nuvens e, logo, sendo conduzida por um rodamoinho de vento… Por fim, a palheta voou para dentro da minha casa, entrando pela janela da cozinha e caindo direto no meu bolo!!

O guitarrista entrou na minha casa pulando pela janela, já feliz e comemorando. Porém, a palheta começou a afundar, derretendo-se com o chocolate para dentro do bolo. O único jeito agora, era comer o bolo para achar a palheta! Então, enfiou a mão no bolo e começou a devorá-lo. O bolo era tão bom, que acabou comendo tudinho, inclusive a própria palheta! Depois disso, teve uma enorme dor de barriga…

## FIM
## (NÚMERO DOZE)

# XIII
# Um Cientista Maluco

Perto da minha casa existe um laboratório secreto. Sim, ele pertence a um cientista muito diferente, pois este trabalha com um elemento químico um tanto incomum: o chocolate. Quando era só um estudante, todos os outros cientistas riam dele. Achavam que suas ideias eram muito loucas e impossíveis e que ele nunca realizaria os seus sonhos. Por isso, quando se formou, não conseguiu emprego.

Começou, então, a fazer ovos de chocolate para vender na páscoa, só pra fazer um dinheirinho. Gostou da brincadeira e, logo, aprendeu a modelar coelhos de chocolate. Em seguida, aprendeu como modelar pássaros de chocolate também. Assim, investiu todo o seu dinheiro num laboratório, dentro de sua casa.

Depois de aprender as técnicas de modelagem, resolveu ser um pouco mais ambicioso e unir seu conhecimento biotecnológico com suas técnicas de modelar chocolate e, assim, começou a dar vida a suas criaturas ou, talvez, vida ao chocolate!

Porém, o cientista ainda não estava feliz. Quis se vingar daqueles que riram dele no passado e, então, decidiu criar um monstro gigantesco de chocolate para destruir a cidade toda! Preparou os ingredientes, e deu início à produção. O monstro estava crescendo e crescendo... até que... não tinha mais chocolate para continuar! Faltava só um pouco para o processo se completar, então, o cientista saiu de casa correndo, procurando por qualquer chocolate. Logo, encontrou minha casa e viu o bolo de chocolate na janela da cozinha.

Pegou o bolo, e correu de volta para o laboratório. Jogou-o num tubo, e o processo estava concluído. Logo, o laboratório estava repleto de luzes piscando e sons de sirenes. De repente, um enorme monstro de chocolate apareceu, destruindo o teto de sua casa. O monstro saiu andando pela cidade, levantando carros e os jogando contra prédios e pessoas. A polícia veio e atirou no monstro, mas as balas não faziam efeito, pois elas desapareciam dentro dele. Porém, não durou muito até que o Sol aparecesse e o chocolate derretesse todo! Acho que o cientista se esqueceu desse pequeno detalhe: chocolate derrete. Ainda bem!

# FIM
## (NÚMERO TREZE)

# XIV
## Um Louco

Todos o chamavam de louco. Ele usava chapéu, um terno amarelo, uma calça preta e um sapato de cada cor (um verde e um vermelho). Este homem adorava comer casca de banana, mas odiava banana. Seu animal de estimação era um morcego. Na sua casa havia tapetes coloridos em todos os cantos, inclusive no teto. Adorava ouvir acordes suspensos e 'música estática'. Conversava com suas diferentes personalidades e, também, todos os dias rezava para o grande deus da mitologia grega, Dionísio.

Esse homem estava de passagem pela minha cidade. Dizia ele que tinha um mistério sagrado para resolver, e que a solução só podia ser encontrada aqui. Porém, ele não sabia exatamente para onde ir. De repente, começou a trovoar e, junto com a escuridão da noite, a chuva decidiu aparecer. O louco correu para o meio da rua e começou a dançar, esperando que Dionísio o ajudasse. De repente, ouviu a voz de Dionísio, dizendo a ele as coordenadas para o caminho do mistério sagrado.

No caminho, encontrou um homem muito alto, que se chamava Midas. Este homem disse que tinha o poder de transformar qualquer coisa em ouro. Bom, não era por ser louco que ele ia cair nessa! Claro que não acreditou. Então, Midas tocou no chapéu do louco e seu chapéu imediatamente transformou-se em ouro! Assim, o louco acreditou nele e o convidou para acompanhá-lo em sua jornada.

Enquanto isso, aqui do meu quarto, eu pude ouvir uma linda música vindo do jardim. O louco e o Midas também ouviram. Era uma ninfa, que sentada sob a janela da minha cozinha, cantava uma linda melodia. Encantados, os dois correram até ela. A chuva parou e o jardim se transformou numa festa. Os três começaram a dançar em círculos, em uma noite claramente iluminada pela constelação de Lyra. Enquanto dançava, o louco viu o bolo na cozinha e percebeu que era lá que estava o segredo! Só podia estar naquele bolo incrível.

Pegou o bolo e o levou para o jardim. Colocou-o no chão, e todos se sentaram. Ficaram olhando para o bolo, admirados e cheios de desejo. A voz grave de Dionísio surgiu, ecoando nas estrelas: "Comam o bolo sagrado e venham para o mundo dos deuses." O louco, então, deixou Midas pegar o primeiro pedaço. Porém, quando Midas encostou no bolo, transformou-o em ouro! Seus amigos desapareceram e o louco ficou ali, sozinho, com o bolo de ouro na mão. Hoje, esse louco é muito rico. Na verdade, talvez ele não fosse nem um pouco louco!

# FIM
## (NÚMERO CATORZE)

# XV
# O Escritor

Sim! O escritor desse livro!

Mas, como pode ser? O escritor vive no mundo das pessoas de verdade, como ele entrou na minha dimensão e roubou o meu bolo? Bom, vamos investigar...

Tudo começou quando ele já tinha escrito alguns capítulos deste livro e não sabia mais quem poderia roubar o bolo. Um gorila, o fantasma de Mozart, um guitarrista... até o Monstro do Lago Ness entrou na brincadeira! Então, quando estava dormindo, ele teve um sonho. Um sonho em que defendia a paz mundial.

O escritor é uma pessoa que acredita na paz mundial, isto é porque, ele adora todas as nacionalidades. Ele nasceu no Brasil, mas seus avós vieram de vários lugares diferentes do mundo; Itália, Alemanha, Espanha e Lituânia... Além disso, o seu nome é escocês, ele mora na Inglaterra e, também, fala indonésio e francês! Ele não é um cidadão de um lugar só, é um cidadão do mundo e, por isso, é um defensor de todas as nacionalidades! Inclusive a minha...

Porém, sonhos são estranhos e, como ele estava pensando sobre a paz mundial ele começou a pensar sobre outras coisas que ele adora... como deliciosos bolos de chocolate. De repente, influenciado por suas histórias malucas, ele apareceu no meu país, na minha cidade, na minha casa! Ele estava sonhando com o meu bolo... e, olhando para o meu bolo, não teve a menor dúvida! Ele tinha que comê-lo. São as regras do livro.

Assim, o feitiço virou contra o feiticeiro, e como você já deve ter imaginado, o escritor comeu o bolo todinho. O escritor, ou eu? Eu e o escritor somos a mesma pessoa, não é? Bom, somos, mas... não somos. É um paradoxo. Já sei! O paradoxo roubou meu bolo! Hum... não. Talvez, não tenha sido o escritor. Talvez, quem roubou meu bolo, usando a imaginação dele, em todas as histórias desse livro, foi... o leitor! Sim, foi você mesmo! Não é verdade, leitor?

## FIM
### (NÚMERO QUINZE)

www.ingramcontent.com/pod-product-compliance
Lightning Source LLC
Chambersburg PA
CBHW060540030426
42337CB00021B/4356